NOTES

SUR

LE SEPTENNAT

A L'USAGE DE M. DE BROGLIE

PAR

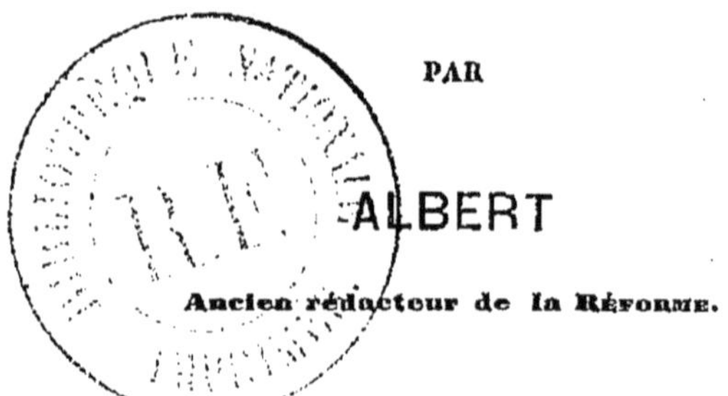

ALBERT

Ancien rédacteur de la Réforme.

PARIS
ARMAND LE CHEVALIER, ÉDITEUR,
61, RUE DE RICHELIEU, 61.

1874

NOTES

Sur le Septennat.

I

Les circonstances ne furent jamais plus favorables à l'établissement d'un gouvernement durable et fort. Le chef de l'Etat tient son pouvoir de la majorité parlementaire, et la minorité ne semble nourrir contre sa personne aucune secrète pensée. La Chambre a assigné à ce pouvoir une durée de sept ans, le temps d'accomplir de grandes choses. Le pays, qui souffre de l'incertitude de l'Etat, redoute les innovations et soupire après le repos. Les hommes les moins aptes à juger des événements comprennent enfin que, des divers partis qui se disputent la domination, aucun ne dispose d'une puissance assez considérable pour dompter la résistance de ses rivaux et les contraindre à l'obéissance après les avoir vaincus.

Il est même aisé d'apercevoir que les partis dont les prétentions dynastiques sont les plus hardies et l'ambition la plus impatiente n'exercent aucun empire sur l'opinion. Leurs prétentions semblent être en raison inverse de leur crédit et de leur influence. Le bruit qu'ils font autour de leur chef n'éveille aucun écho dans le pays.

On a essayé, dans une occasion récente, de raviver le souvenir des Napoléon et de présenter à la France l'héritier du troisième Empire. Quelques centaines d'anciens fonctionnaires sont allés à Chiselhurst offrir leurs hommages au prétendant. Le gros de la nation s'est borné à lire dans les gazettes à sa dévotion le récit de cette algarade. Quelques-uns se sont indignés ; la plupart ont ri. Ce philosophe de dix-huit ans qui disserte gravement sur la politique avant d'avoir terminé ses études de latin et de grec ; cet écolier qui discute les pouvoirs du gouvernement établi, flatte, dissimule, promet, menace et se pose en prétendant ; cet ambitieux imberbe qui se sent les mains assez fortes pour tenir les rênes d'un grand Etat, proclame l'imbécillité de nos Ministres, de nos politiques, de la représentation nationale et du dépositaire du pouvoir suprême, et dit à la France, le front impassible : « Tu souffres : seul je suis en état de te guérir. Les esprits sont agités : seul, j'ai le bras assez puissant pour maintenir l'ordre : » cet enfant, jouant au politique et faisant d'une leçon de récitation un manifeste constitutionnel, cela fait rire comme une farce gauloise ou une scène de haute comédie.

On raconte que les Musulmans ont une foi si aveugle dans la toute puissance divine qu'aucun prodige ne les émeut. Au récit des événements les moins vraisemblables et les plus pénibles à comprendre pour notre humaine raison, ils se bornent à répondre : « Allah est grand ! » et leur entendement est satisfait. Il y a lieu de craindre que l'accoutumance des surprises ne mette, à la longue, notre droite raison en déroute et ne nous rende, en matière de politique, aussi crédules que les Musulmans en matière de religion. Mais, qui peut croire encore au miracle d'un quatrième Empire? De tous les gouvernements qui se sont succédé depuis soixante ans, c'est le plus impopulaire, le plus déconsidéré, le plus haï. Les populations urbaines le redoutent comme un fléau et les habitants des campagnes ne croient plus à sa légende. Le nombre de ses partisans est chétif. Quand on a compté quelques familiers de la cour impériale, quelques fonctionnaires comblés de faveurs, quelques agents obscurs que les derniers changements ont réduits à une condition tout à fait précaire, quelques hommes d'élite que le devoir de la reconnaissance tient attachés à son destin : quand on a fait ce dénombrement, on a épuisé la liste de ses partisans. Le parti napoléonien est comme une armée sans soldats. Quand il aspire à gouverner la France, il est le jouet d'une illusion lamentable. Certes, il serait imprudent d'affirmer que les fautes des gouvernants qui se succèderont au pouvoir ne peuvent faciliter le retour de sa fortune et rendre son ambition légitime. Mais bien des jours s'écouleront avant que les esprits se fixent de ce côté-là. Il faut que le pays ait le temps d'oublier beaucoup, de souffrir cruellement et de perdre ce qui lui reste encore d'espérance.

Des esprits sérieux se demandent si, dans les circonstances actuelles, le rétablissement de la monarchie constitutionnelle ne serait pas un véritable bienfait. Un gouvernement éloigné de ces deux extrêmes entre lesquels la France semble condamnée à osciller et qui s'appellent la réaction et l'utopie ; un gouvernement tutélaire qui couvrirait d'une protection égale les intérêts de l'ordre et de la liberté, sans s'interdire les innovations prudentes et sages ; un gouvernement réparateur, enfin, qui, au lieu de se tenir en lutte ouverte avec la nation suivrait docilement les impulsions du pays : n'est-ce pas là le rêve de tous les politiques qui ont souci de notre avenir, et ferions-nous injure à M. le vice-président du Conseil des Ministres si nous nous aventurions à écrire que cette grande préoccupation est le principal mobile de sa politique ?

Il est facheux pour ceux qui travaillent à restaurer la Monarchie constitutionnelle que cette entreprise ne puisse être menée à bonne fin. Les moyens de l'établir par des voies légales ne feraient peut-être pas défaut, si l'on savait préparer habilement l'occasion et la mettre à profit sans perdre haleine. Mais il paraît douteux qu'il fût aussi aisé d'asseoir le trône que de le mettre debout. Nous admirons la hardiesse de ces hommes d'Etat qui croient pouvoir braver longtemps l'indifférence ou l'hostilité de tout un peuple et le soumettre à un régime pour lequel il ne manifeste aucune inclination. Ils attendent beaucoup de la corruption et de la force. La force s'use à la longue et se tourne contre ceux qui n'ont pas dédaigné d'y avoir recours. La séduction, qui n'a aucune prise sur les âmes bien trempées, devient une source d'impopularité et de discrédit. Aucun moyen de gouvernement ne supplée à la faveur des foules. L'histoire prouve surabondamment que toutes les puissances dont les hommes d'Etat disposent sont vassales de l'opinion. Or, le rétablissement de la monarchie constitutionnelle répond-il aux vœux du plus grand nombre, et oserait-on affirmer que cette solution serait acceptée des foules avec quelque empressement ?

Les intrigues de l'année dernière n'ont pas peu contribué à diminuer le nombre des hommes qui caressent l'espoir de la voir adopter par la France. Quand ils ont vu le chef de la branche cadette prendre le chemin de Frohsdorf et abjurer, sans gloire, toute prétention devant le dernier rejeton de nos rois légitimes, on n'a pu se défendre de penser que les princes se mettaient eux-mêmes en dehors du grand parti libéral qu'ils avaient défendu toute leur vie, et portaient le coup de grâce à la forme gouvernementale dont ils étaient les représentants naturels. Ceux qui avaient servi leur cause se sont divisés et dispersés, les uns rebroussant chemin vers le camp des légitimistes, les autres allant porter à la République conservatrice le concours de leur expérience et de leurs talents.

Nous parlions tantôt du petit nombre des napoléoniens. Les orléanistes, combien sont-ils ? Ce sont les seuls hommes de parti qui, aux élections, n'arborent aucune bannière. S'ils se donnaient publiquement pour les partisans de la monarchie constitutionnelle avec les princes d'Orléans, ils recueilleraient quelques suffrages de choix, honorables pour les électeurs et flatteurs pour leurs élus, mais dont l'unique résultat serait de faire voir que l'infériorité en nombre du parti orléaniste surpasse celle de tous les autres. Et ici encore on arrive à cette conclusion, que le rétablissement de la monarchie constitutionnelle serait une faute lourde, parce qu'elle n'aurait pas le moyen de tenir longtemps en respect les forces combinées de l'opposition.

Si l'on mesure les chances d'un parti aux prétentions qu'il affiche, on est tenté de penser que le parti légitimiste sera bientôt à la tête des affaires. Cette règle est fausse et ce danger tout d'imagination. Il s'en est fallu de peu, il est vrai, que l'Assemblée n'essayât de ramener en France les jours lugubres de la restauration. On comptait les voix et on arrivait à la balance. Ce pointage, qui faisait rire les hommes de sens rassis, donna de l'audace à l'ascète de Frohsdorf. Il fit ses préparatifs de voyage, harnacha royalement ses chevaux et vint à Paris. On se souvient de quel spectacle il y fut témoin. Il s'en retourna l'âme brisée, convaincu de la trahison de quelques faux amis sur lesquels il avait eu le tort de faire fond et doutant, pour la première fois, de sa mission providentielle.

Les luttes sanglantes qui signaleraient le retour de la monarchie légitime ne sont rien au prix des calamités de toute sorte qu'elle amenèrait sur le pays. Le plus débonnaire des rois ne maintiendrait l'ordre à l'intérieur que par la force du sabre, et la politique militante qu'il serait forcé d'inaugurer au dehors tournerait bientôt contre la France toutes les grandes puissances européennes. Quand on invoque les abus de l'ancien régime on veut persuader les foules ignorantes et l'on a recours à des raisons pratiques qui ne dépassent pas leur entendement. Mais quiconque n'est pas complétement étranger à la politique n'a pas besoin de ces arguments de mauvais goût, et qui ne sont vrais, d'ailleurs, qu'à demi, pour comprendre le danger d'une restauration du vieux trône. Les dangers imaginaires sont beaucoup moins redoutables que les dangers réels. Les populations comprennent par instinct que ce recul vers les errements d'un autre âge porterait à la France un coup fatal, et cela suffit à expliquer l'aversion des foules pour la monarchie traditionnelle.

II

Nous posons ici notre plume et nous nous demandons si un gouvernement composé de républicains d'opinion nette et accentuée répondrait mieux au vœu des populations que l'un ou l'autre des gouvernements monarchiques qui se sont succédé en France. A première vue on peut avoir quelque doute a cet égard. Les épreuves électorales qui se font sur tous les points de la France tendent à prouver que les forces du parti républicain sont plus considérables que celles des partis monarchiques coalisés. Depuis le 2 juillet 1871 jusqu'au 1er mars de l'année qui s'écoule, cent-soixante-douze représentants ont été envoyés à l'Assemblée. De ce nombre, trente-cinq seulement siégent sur les bancs de la droite. Cent-trente-sept se sont rangés dans les groupes républicains. Si l'on tient compte des circonstances dans lesquelles ont été opérées les plus récentes de ces élections, on est surpris et presque stupéfait des résultats qu'elles ont donné. Malgré les changements qui ont eu lieu dans le personnel de l'administration, malgré la protection ouverte que les nouveaux agents accordent aux candidats choisis par les conservateurs, malgré l'association des trois partis monarchiques, sur le terrain de la résistance, les résultats des opérations électorales sont les mêmes qu'auparavant. On est même forcé de convenir, quelque chagrin qu'on en puisse avoir, qu'ils deviennent chaque jour plus favorables aux prétentions des républicains, puisque, dans certains départements où naguère ils ne trouvaient pas de candidat qui osât affronter les chances du scrutin, on les voit remporter d'éclatants triomphes ou des défaites si honorables qu'elles valent des succès. « Mon pauvre Finistère ! » s'écriait un honorable député de l'extrême droite, en apprenant que ses concitoyens venaient d'envoyer à la Chambre un ennemi des vieilles traditions. Ce cri, où la tristesse se mêle à l'effroi, il n'y aura bientôt plus un coin de la France où les représentants du système monarchique n'aient eu l'occasion de le faire entendre. Légitimistes, orléanistes, bonapartistes, partisans du césarisme et du droit divin, tous ont vu tour à tour leur cause perdue dans l'opinion des foules et il ne leur reste pas même l'espoir réparateur d'une prochaine réhabilitation. On peut s'affliger du discrédit où est tombée chez nous une institution à l'ombre de laquelle la France a vécu des siècles, glorieuse et redoutée ;

mais le nier serait puéril et les choses n'en seraient pas changées.

Il s'agit de savoir si ce grand mouvement d'opinion qui s'accomplit sous nos yeux a la signification que des esprits prévenus ou troublés par la passion se plaisent à lui attribuer. En suivant d'un œil attentif les diverses manifestations de l'opinion publique, nous voyons bien que la pluralité des électeurs prennent hardiment leur parti de la forme républicaine, et ne se laissent pas ébranler par les sinistres prédictions des prudents qui hésitent à les suivre. Mais nous constatons en même temps qu'à part des exceptions rares les choix se portent sur des républicains qui offrent aux intérêts conservateurs de solides garanties. Tous les partis sacrifient à cette funeste inclination qui nous porte à dénaturer les actes, les paroles et même les secrètes pensées de nos adversaires. Il est admis, en temps d'élection, que tout bonapartiste est responsable de la dernière invasion, tout orléaniste censitaire, tout légitimiste partisan des abus de l'ancien régime et tout républicain radical et légèrement communard. Les journaux répandent ces piquants mensonges en toute sécurité de conscience ; ceux qui les lisent seraient surpris de ne ne pas les y rencontrer et ceux qui les rédigent croiraient manquer à un grand devoir en disant des choses justes et saines. Mais ces exagérations, que la passion explique, si elle ne les justifie pas, ne devraient pas induire en erreur un homme dont le jugement est dans son assiette. Les tristes héros des saturnales de 71 sont descendus dans la tombe avec leurs passions féroces et leur dangereuse utopie. A la lueur sinistre de l'incendie, les hommes les plus favorables aux innovations politiques ont vu de quels dangers la société est menacée lorsque la Révolution essaie de rompre en un jour des traditions séculaires. Les plus emportés sont devenus calmes et prudents : la nécessité d'un élément conservateur contenant et tempérant l'élément progressiste a été si clairement démontrée par les faits, que les hommes les plus populaires dans le parti républicain revendiquent hautement l'épithète de conservateurs. Il y a même parmi les plus « radicaux » de l'extrême gauche d'honnêtes millionnaires que l'on est fondé à soupçonner de n'être pas du tout « partageux », et des aristocrates d'intelligence qui ne voudraient pas être confondus avec le commun. Si l'on excepte deux ou trois centres populeux où les extravagants jouiront toujours d'une certaine vogue, il est juste de convenir qu'à mesure que le parti républicain croît en nombre, il croît aussi en sagesse et en modération. Et de là nous tirons cette conclusion que, si la France manifeste une préférence marquée pour la forme républicaine, c'est à la condition que la République n'exposera l'ordre social à aucun péril. Nous nous demandions tantôt si un gouvernement composé de républicains extrêmes aurait plus de chances de durée qu'une monarchie. L'état des esprits est tel que leur arrivée au pouvoir provoquerait une réaction immédiate. Il est fort vrai que, sur tous les points de la France et dans toutes les classes de la société, l'opinion se montre hostile au rétablissement de la monarchie ; mais on se méprend sur les vrais sentiments des populations si on les juge tellement éprises de République, qu'elles l'accepteraient sans conditions et de toutes les mains. Elles ont salué de longs applaudissements la « République conservatrice » que leur offrait un illustre vétéran des luttes parlementaires, aussi jaloux de l'ordre que de la liberté. Elles se rallieraient avec le même empressement à une République présidée par le soldat illustre que les représentants de la nation ont honoré de leur confiance. Mais que le fardeau du pouvoir soit remis en des mains imprudentes ou inexpérimentées et la République aura autant d'adversaires que la monarchie.

III

On cherche le secret des révolutions qui ne cessent de bouleverser la société française depuis près d'un siècle, et l'on croit le trouver dans les fautes de nos gouvernants. Cette explication est incomplète. Le secret de nos révolutions gît dans le tempéramment national, auquel tous les régimes ne conviennent point.

Il y a sujet de douter que nous soyons républicains de nature, et il paraît plus vrai de dire que nous le sommes devenus par raison. Les peuples pour lesquels la forme républicaine est une sorte de besoin naturel ne passent pas, dans l'espace de quelques années, de la République à la monarchie, pour revenir, dans le même laps de temps, à la République, et recommencer de nouveau, à la première occasion, ce mouvement de va-et-vient. Si l'opinion du grand nombre est hostile au rétablissement de la monarchie et le devient davantage tous les jours, le souvenir de ses dernières fautes n'y est pas tout à fait étranger ; mais la vraie cause de cette répulsion est dans l'impossibilité, que tout le monde aperçoit, d'asseoir désormais le trône sur une base solide.

Les partisans du gouvernement monarchique étant divisés en factions rivales, dont chacune a son prétendant et son drapeau, et qui ne peuvent consentir à transiger sans se mettre hors de l'arène, le roi qu'un parti jetterait par un coup de vote ou par un coup de force sur les marches du pouvoir, ayant à défendre sa couronne contre la coalition de tous les partis évincés, ne tarderait pas à défaillir. La révolution recommencerait son œuvre destructrice, le pouvoir serait assiégé par une nouvelle cohue d'avides compétiteurs et le pays retomberait dans le désarroi.

Si le culte de la République est chez nous le fruit d'un calcul, il en est autrement de l'amour de la liberté, qui a son siége au foyer même de nos passions. Nous avons vécu si longtemps en tutelle qu'il nous est malaisé de ne pas broncher quand nous essayons d'aller seuls ; mais la main du maître nous pèse et le contact du joug nous fait tressaillir. Quand l'Etat limite son action pour laisser plus de jeu à l'initiative individuelle, il est rare que certains intérêts n'en souffrent pas. Mais, dès qu'il entreprend sur les droits publics ou sur nos droits propres, nous avons hâte de les faire valoir. Les méditations du philosophe et les recherches du savant nous inspirent un intérêt médiocre ; mais si ce philosophe est en butte aux vexations du gouvernement à cause de la hardiesse de ses conceptions, ou le savant à cause de l'importance de ses découvertes, toute la France s'en émeut. Nous supportons volontiers que l'Etat parle, pense et agisse au nom du pays, mais à la condition qu'il nous laisse la liberté de penser, de parler et d'agir à notre tour, quand et comme il nous convient. Prenez toutes les libertés les unes après les autres et dans tous les ordres : il en est un fort petit nombre dont nous usions et moins encore dont nous sachions user, mais on n'en trouve pas dont nous ne soyons pas jaloux.

La faute la plus grave qu'un gouvernement puisse commettre, en France, c'est d'entrer en lutte ouverte avec la nation. La pression de l'Etat éveille aussitôt de vigoureuses résistances ; tous les mécontents unissent leurs forces pour donner l'assaut au gouvernement envahisseur ; la fureur de l'opposition se communique comme une maladie contagieuse ; les plus violents, portés au pinacle par les foules, à qui l'audace inspire toujours un sentiment d'admiration et de sympathie, deviennent les maîtres de l'opinion. Cette sorte de défi qu'on a imprudemment jeté à un parti puissant inaugure une période de luttes dans lesquelles le pays tout entier se laisse peu à peu entraîner et où le gouvernement finit toujours par être vaincu.

Toutefois on abuserait de la logique si l'on concluait de ce que nous sommes intraitables à l'endroit de la liberté, qu'un secret instinct nous porte à nous affranchir de toute règle. Nous aimons l'ordre, nous redoutons l'anarchie et nous sommes conservateurs. Si l'on étudie la cause des changements politiques qui ont eu lieu depuis quatre-vingts ans dans notre pays, on sera surpris de découvrir qu'ils ne proviennent pas d'une seule cause. Une fois nous faisons voler le trône en éclats pour mettre à couvert les droits de la liberté. Une autre fois nous nous ruons sous le joug d'un dictateur pour rétablir l'ordre. La haine du despotisme et la frayeur de la licence nous portent tour à tour aux mêmes excès, et nos politiques s'ingénient vainement à trouver un juste milieu entre l'abus et le manque de gouvernement. L'amour de la liberté est fatal aux pouvoirs personnels, parce qu'ils tendent toujours à entraver l'exercice des droits publics : le sentiment de la conservation abrége la durée des gouvernements novateurs, parce que le pays redoute l'audace de leurs entreprises.

Nous croyons à l'excellence du gouvernement républicain. Des nations puissantes prospèrent à l'abri des institutions démocratiques. La famille est plus florissanté sur ces terres libres que dans nos vieux empires de l'Occident. La religion a conservé sa puissance de régénération et sa ferveur. Aucune menace ne s'élève contre la propriété. Les citoyens de ces pays fortunés semblent appartenir à une nouvelle espèce d'êtres humains, suscités par la Providence pour recueillir l'héritage du vieux monde et faire fleurir sur ses ruines une civilisation nouvelle. Comment tremblerions-nous de voir notre grand et malheureux pays sourire de loin aux riantes perspectives que le hasard des événements lui laisse quelquefois entrevoir ? Mais nous ne pouvons nous bercer des illusisns que caresse la foule et croire que dans une société où l'empire de la tradition a résisté à tous les bouleversements, il soit possible de nous accoutumer en un jour aux usages des sociétés nouvelles. Le sentiment de la conservation, qui fait contre-poids au sentiment de la liberté, se lie, chez nous, à des habitudes nationales qui lui donnent une force invincible Si l'habitant des campagnes s'attache à la motte de terre qu'il arrose de ses sueurs, l'artisan au fruit de son travail, le capitaliste à ses titres, c'est une erreur de penser que les uns et les autres abandonnent tout le reste au caprice des hommes et à la merci des événements. La propriété matérielle n'est pas l'unique objet de ce sentiment indéfinissible qui fait qu'à des titres divers tous les hommes sont conservateurs, et que cette épithète n'appartient en propre à aucun parti. Qui donc peut méconnaître la puissance des traditions religieuses? Ce monde invisible, où l'âme du croyant va se consoler des maux de la terre, nous a été révélé sous un certain jour dès nos jeunes ans, et nous sommes désormais inhabiles pour le reste de notre vie à le considérer sous un autre aspect. Les divinités sont nationales comme aux anciens temps, et chaque peuple a les siennes, qu'il évite de confondre avec celles de ses voisins. En délaissant leurs autels, nous éprouvons une impression semblable à celle de l'émigrant au moment où il change de patrie. Lorsque l'étude et la réflexion nous ont amenés à ranger parmi les superstitions absurdes les croyances de notre première jeunesse, nous nous joignons involontairement, dans les occasions solennelles, à la foule des adorateurs ; nous passons ce seuil que nous avions déserté ; nous plions le genou; notre front s'incline, et, tandis que le doute nous mord au cœur, nos lèvres murmurent des paroles de foi et d'espérance. Les cérémonies du culte, le prêtre qui préside à ces exercices pieux, le lieu sacré où ils sont accomplis, le Dieu auquel ils sont consacrés tous ces objets se confondent dans notre cœur et dans notre souvenir. Lorsque l'homme fort nous invite à renier ces idoles et à servir le Dieu des sages, les foules crient au sacrilége. Ceux qui rêvent d'affranchir le peuple, comme ils disent, des préjugés religieux, se sont trompés de siècle en naissant. Les révolutionnaires en religion nous inspirent la même terreur que les égalitaires stupides qui rêvent de partager le sol au cordeau. En matière de religion, comme en matière de propriété, nous sommes conservateurs. Attenter aux droits de la religion en France, est une insigne folie dont on ne se relève point. L'unique souci de nos hommes d'État doit être de contenir la foi dans son domaine, de l'y ramener quand elle en sort, et de l'empêcher d'entreprendre sur les droits de la science. Les gouvernements intolérants, soit pour la science, soit pour la foi, nous blessent et nous sont également odieux. C'est un cas où, pour être conservateur, il faut être libéral. Tous les gouvernements qui s'écartent de cette règle vont à leur ruine. L'intolérance de la religion fut l'une des causes lointaines de la grande révolution française et le mépris de la religion a précipité la chute de nos gouvernements républicains. Une fois c'est au nom de la liberté que la nation s'insurge, une autre fois au nom des intérêts conservateurs. L'ère des révolutions sera close quand nos gouvernants sauront être à la fois conservateurs et libéraux. Jusque-là, non.

IV

En examinant sous toutes ses faces ce sentiment de conservation que nous constatons chez nous à côté du sentiment de la liberté, on finit par s'apercevoir que tous deux s'appliquent aux mêmes objets, émanent de la même source et se confondent dans une seule substance.

Quand l'action des diverses facultés dont notre humaine nature est douée n'est soumise à aucune entrave, nous disons que nous sommes libres. L'homme est un être intelligent : si vous mettez l'interdit sur la pensée, vous violez un droit de nature : vous êtes révolutionnaire ; si vous la proclamez libre, vous consacrez un droit ; vous êtes conservateur. L'homme est un être moral : en laissant la conscience libre, vous affirmez un droit, vous faites de la conservation ; en violentant la conscience, vous méconnaissez un droit, vous êtes révolutionnaire. L'homme est un être religieux : dès que vous limitez la liberté religieuse vous cessez de faire acte de conservateur, puisque vous foulez le droit ; dès que vous en assurez le respect, vous faites de la conservation, puisque vous reconnaissez les droits de la nature et les desseins de la Providence.

Multipliez les exemples : l'analyse psycologique vous donnera toujours les mêmes résultats, et vous serez amené à reconnaître la vérité de ce paradoxe, que la liberté consiste à conserver les droits naturels, ce qui est aussi la définition exacte de la conservation. De là suit, par voie de conséquence, que les vrais libéraux sont aussi les vrais conservateurs et les vrais conservateurs les vrais libéraux, ce qui doit paraître absolument invraisemblable à quelques-uns de nos politiques. On en peut conclure encore que les gouvernements autoritaires et oppressifs sont des artisans de désordre et de révolution ; mais ceci a cessé d'être un paradoxe depuis près d'un demi-siècle.

Si nous ne nous faisons point illusion sur le caractère et les aspirations du pays, on voit combien il serait aisé d'inaugurer en France une politique nationale, qui rallierait la pluralité des suffrages.

On a eu le temps et l'occasion de voir que « la politique de combat », cette imitation malheureuse de la politique de résistance et de compression, produisait un effet contraire à celui qu'on en attendait. Nous nous demandons encore comment des hommes qui passent pour connaître à fond l'esprit français ont pu s'oublier au point de commettre une faute si lourde. Si c'est manquer de prudence que de se mettre en guerre ouverte avec un parti incapable d'opposer une résistance énergique, à quels dangers n'expose-t-on par le gouvernement lorsqu'on le met aux prises avec un parti qui dispose de la majorité et commande à l'opinion ! Les vexations du gouvernement irritent les ardents et ne parviennent pas à décourager les timides. On justifie ces mesures violentes en alléguant la nécessité d'arrêter le progrès des passions républicaines et on les surexcite au plus haut point. Comme la violence marche de pair avec l'injustice, on commet des actes qui font frémir d'indignation les hommes les plus patients. Les victimes de l'arbitraire deviennent augustes aux yeux des foules, qui n'attendent qu'une occasion favorable pour les venger avec éclat de cette disgrâce imméritée. Ceux qui les frappent perdent toute considération auprès des honnêtes gens qui ne sont pas attachés par quelque intérêt majeur à leur fortune. Après « le combat » il y a des vaincus et des vainqueurs ; mais les vaincus ne sont pas ceux qu'on attendait. L'arme des gouvernants se brise dans leurs mains, qui en sont toutes meurtries.

Les vœux de l'opinion portent l'empreinte du caractère national, et nous ne sommes pas d'humeur à nous laisser tromper par des formules ou des mots. Quand, sous ombre de salut public, la République viole toutes les lois divines et humaines, nul n'est assez complaisant pour approuver ces forfaits. Lorsqu'on invoque le souci de « l'ordre moral » pour pratiquer une politique ouvertement rétrograde, personne ne se laisse prendre à cette piperie. Les mots les mieux tournés ne suppléent jamais aux actes. La France est libérale et conservatrice. Elle est ceci parce qu'elle est cela. En resserrant chaque jour, aux applaudissements des pires ennemis du progrès, le cercle déjà trop restreint des libertés naturelles, en essayant de mutiler le suffrage universel par des lois d'un jour, ou d'en prévenir les effets par de changeants décrets, en attentant à des droits acquis et que le pays avait revendiqués, sans se lasser, durant vingt ans, s'imagine-t-on que l'on donne satisfaction aux vœux du grand nombre, qu'on apaise les mécontents et que l'on prépare la réconciliation du gouvernement et de la nation ?

Si nos gouvernants ont à cœur d'affermir leur autorité, ébranlée et gravement compromise par une longue succession de fautes, leur unique préoccupation doit être de faire oublier par des mesures sages et populaires les erreurs de la première heure. L'ardeur qu'ils ont mise à bouleverser les cadres des fonctionnaires pour y introduire des hommes notoirement hostiles à la politique de conciliation, ils doivent l'employer à choisir des hommes d'ordre et de liberté, redoutables, seulement, à la réaction et à l'utopie. Il faut mettre fin à ce grand scandale qui met en butte aux vexations des fonctionnaires quiconque a une teinte de libéralisme et assure leur faveur aux ennemis jurés de la liberté. Un gouvernement qui a la prétention de s'imposer à la France doit éviter avec un soin jaloux d'irriter l'opinion par des mesures arbitraires. Il est dans la nature de la justice d'être égale pour tous. La liberté de l'Etat et la liberté de l'Eglise, la liberté de la science et la liberté de la foi, la liberté du prêtre et la liberté du citoyen ont un droit égal à sa protection. Lorsque l'ordre public est troublé, la sécurité menacée, l'honneur des simples particuliers flétri par la calomnie, c'est une iniquité révoltante de chercher dans les opinions politiques des auteurs de ce désordre des circonstances atténuantes ou aggravantes. Toutes les lois doivent être sacrées, surtout aux yeux des gouvernants. Lorsqu'ils commettent l'imprudence d'en arrêter le cours dans un intérêt de parti que tout le monde aperçoit, ils donnent un exemple fatal qui peut tôt ou tard être invoqué pour légitimer des iniquités plus dangereuses. Nous ne connaissons pas de spectacle plus propre à démoraliser une nation que celui d'un gouvernement qui prétendrait servir les intérêts de l'ordre en violant tous les jours la majesté des lois et en foulant aux pieds la volonté des citoyens, dont elles sont l'expression.

C'est à la monarchie constitutionnelle que revient l'honneur d'avoir formulé le principe de la politique nationale, et l'on a sujet de déplorer qu'elle n'ait pas su en tirer plus de profit, en s'y conformant dans toutes les occasions. Cette règle est simple, logique et naturelle. Elle consiste à donner force de loi à la volonté du pays. Les gouvernements absolus substituent leur volonté à celle de la nation, qui se venge en les brisant. Les gouvernements libéraux bornent leur tache à exécuter fidèlement les prescriptions que le pays leur transmet par l'entremise de ses mandataires. On voit par là combien les débuts du gouvernement septennal ont été malheureux, et combien il importe qu'il se hâte de réparer ses premières erreurs.

La chute des gouvernements ayant

toujours pour cause un antagonisme entre les gouvernants et le pays, c'est une axiome que les gouvernements qui ont souci de durer doivent se résigner à suivre docilement la volonté nationale. Dès que le pays se gouverne lui-même, ou, pour parler plus exactement, dès que ses mandataires se font une règle de conformer leurs actes à ses décisions, toute possibilité de conflit est écartée. Les politiques du droit divin jugent ce principe révolutionnaire et subversif : le vrai est que les gouvernements n'ont pas d'autre moyen de prévenir la révolution et d'assurer l'ordre. Le gouvernement septennal lui-même se trouvera bientôt dans la nécessité d'y avoir recours. On se prend à sourire quand on étudie de près les expédients proposés par les adversaires d'un moyen si simple et si rationnel. Quand ces politiques graves et profonds attribuent au rétablissement de la monarchie le pouvoir de réduire l'opposition au silence, ils supposent à cette institution une vertu merveilleuse qui échappe aux sens et n'a de réalité que dans leur imagination. En imposant aux populations un régime pour lequel elles ne manquent aucune occasion de témoigner un antipathie, on n'arriverait qu'à produire une vive irritation dans les esprits, à accroître le nombre des mécontents et à creuser le fossé entre le gouvernement et la nation. Au lieu de prévenir la révolution, que l'on redoute, on en précipiterait le retour, et, jusqu'au moment où le conflit prendrait fin, le désordre serait à son comble. Il est fâcheux que les hommes qui ne cessent de prôner la mirifique vertu de la monarchie repaissent leur esprit de chimères et de songes et ne prennent pas le temps de compter avec les faits. L'accueil que les électeurs font aux plus honnêtes partisans de ce régime les éclairerait sans doute sur les sentiments qui animent le pays à leur endroit, si toutefois ils ne poussaient pas l'aveuglement jusqu'à attribuer leur déconfiture à quelque vice caché de la loi qui règle les opérations électorales. Le septennat et la République elle-même seraient aussi impuissants que la monarchie à conquérir l'opinion et à prendre racine dans les cœurs, si ces diverses formes de gouvernement couvraient une politique de compression et de résistance, imitée des gouvernements autoritaires. Les vœux du pays sont trop clairement exprimés pour que quelqu'un puisse s'y méprendre. Ce que l'on attend du gouvernement ce ne sont ni des formules creuses ni de vains mots, mais des actes conformes à ses légitimes prétentions. La solution de toutes les difficultés pendantes est dans l'application loyale et constante du principe parlementaire.

V

La responsabilité ministérielle est la première et l'une des plus utiles applications du principe parlementaire. On peut dire sans hésiter de cette institution ce que l'on a dit d'un grand dogme religieux, qu'il faudrait l'inventer si elle n'existait pas. Ce qui surprend ce n'est pas qu'elle ait produit chez des peuples voisins des résultats admirables, mais qu'elle rencontre encore chez certains politiques de notre pays d'inexplicables préventions. La cause de l'incertitude des gouvernements étant connue, l'ébranlement de l'Etat se produisant toujours à la suite d'un conflit entre les gouvernants et les gouvernés, et ce conflit étant invariablement provoqué par les hommes qui ont la direction de la politique, il est hors de doute qu'en laissant retomber sur ces derniers la responsabilité de leurs propres actes et en donnant satisfaction aux légitimes exigences de la majorité par la disgrâce du ministère compromis, toute collision entre l'Etat et le Parlement est arrêtée dans son principe. Tant que la responsabilité pèse sur la tête du souverain, c'est sur lui que se concentrent toutes les haines et tous les mécontentements. S'il ne se hâte de détourner les esprits en les occupant au dehors par des entreprises qui peuvent échouer misérablement, l'opposition grossit, s'irrite et devient inquiétante pour la paix publique. La responsabilité ministérielle est comme une digue artificielle qui arrête tout-à-coup cette vague montante et l'empêche de rejaillir sur la personne du chef de l'Etat. Le ministère qui tombe entraîne avec lui dans sa chute les griefs du Parlement et jusqu'au souvenir des fautes qui y ont donné naissance. L'opposition parlementaire est désarmée, parce qu'elle obtient satisfaction. Le ministère expie cruellement ses fautes, mais l'Etat n'en éprouve aucun dommage, l'ordre public n'est pas troublé et les fauteurs de révolution manquent de prétexte.

Il n'est pas inutile de noter que l'équité trouve son compte à l'application d'une mesure si profitable à l'Etat, puisque la responsabilité des fautes retombe sur les hommes qui les ont commises. La morale occupe une très-petite place dans la politique : on ne saurait voir de mauvais œil ces timides envahissements. Il ne déplaît même pas que ce travers, dont on nous dit atteints, et qui nous fait aimer le changement jusque dans les choses de la politique, s'accomode facilement d'une règle de gouvernement si équitable. La monotonie dans le roulement des premières charges a les mêmes inconvénients que les changements trop brusques et trop fréquents. Nous aimons les pièces jeunes et les nouveaux rôles ; c'est un divertissement de bon goût, et peu coûteux pour le gouvernement qui en fait les frais. Et même chacun peut voir que la durée « incommutable » assignée au chef de l'Etat rend, chez nous, cette pratique absolument nécessaire. La responsabilité du chef du pouvoir exécutif ayant été détruite par la prorogation, sans condition ni réserve, des fonctions attachées à sa charge, les actes du gouvernement échapperaient au contrôle et ses pouvoirs seraient aussi absolus que ceux d'un César si le ministère n'assumait la responsabilité dont la Chambre a jugé utile de le dépouiller. Aussi la responsabilité ministérielle s'est elle introduite peu à peu dans nos usages, tellement qu'elle existe de fait aux yeux de tous et n'a pas même besoin d'être reconnue. S'il en était autrement le ministère ne se croirait pas obligé de se retirer après un échec, et les efforts de l'opposition ne tendraient pas uniquement à amener un déplacement des portefeuilles. La responsabilité ministérielle s'impose :

c'est le meilleur argument que l'on puisse invoquer en faveur d'une institution.

Nous disions tantôt que cette règle de gouvernement avait pour but de prévenir l'antagonisme entre le chef de l'Etat et les représentants de la nation, en faisant passer dans les mains de la majorité la direction des affaires. Il convient d'ajouter, pour n'en point exagérer les effets, qu'elle ne suffit pas à assurer « le gouvernement du pays par le pays » sans le secours d'une autre institution dont l'honneur revient également à la monarchie constitutionnelle : nous voulons parler du droit de dissolution, exercé par le chef de l'Etat.

Si le résultat à atteindre consiste à prévenir les conflits entre l'Etat et la nation, pour tuer la révolution dans son germe, il est aisé de voir que la responsabilité ministérielle n'arrive pas à cette fin. Elle maintient, il est vrai, l'harmonie entre l'Etat et la majorité parlementaire; mais il peut arriver que cette majorité perde, par ses fautes, la faveur dont elle jouissait d'abord dans l'opinion, et se constitue ainsi elle-même en minorité dans le pays. Quand ce changement s'est opéré, la politique des ministres désignés par les votes du Parlement blesse les sentiments de la pluralité des citoyens. L'opposition grandit et devient tous les jours plus hardie, parce qu'elle se sent appuyée par tout un peuple. Et plus le chef du pouvoir exécutif met de zèle à suivre les vœux de la majorité, plus la discordance s'accentue entre ses actes et les vœux de la nation. Le droit de dissolution exercé prudemment et à propos peut seul mettre un terme à cette lutte fatale pour la sécurité publique. Les mandataires du pays sont renvoyés devant les électeurs, qui choisissent de nouveaux représentants. La majorité parlementaire qui sort des urnes étant la représentation fidèle de l'opinion publique, l'unité se rétablit d'elle-même entre l'Etat et le pays, dont la volonté a obtenu force de loi.

Le droit de dissolution n'a pas été inventé par quelque révolutionnaire pervers, pour troubler la paix publique et hâter le moment de la liquidation sociale. C'est un usage parlementaire auquel les Anglais et les Belges ne dédaignent pas d'avoir recours, et dont on a eu l'occasion, en France, sous un gouvernement monarchique, de constater les heureux effets. La défaveur dont il est l'objet à l'Assemblée nationale, dans les régions du gouvernement et dans certains cercles où prévaut l'opinion monarchique, s'explique par des raisons diverses dont l'aveu serait parfois difficile à faire, mais qui bravent les raisonnements les plus convaincants.

Désintéressé dans cette grande lutte où les préoccupations égoïstes de l'homme se mêlent fatalement aux soucis plus nobles du législateur et du politique, on porterait un jugement plus équitable sur cette institution, qui peut être regardée comme la meilleure sauvegarde des intérêts conservateurs. Oubliez un instant et l'Assemblée nationale, et les ambitions des partis qui se disputent la direction des affaires, et la faveur marquée que le pays témoigne à une certaine catégorie de représentants. Supposez à la place de cette Assemblée foncièrement conservatrice d'intention et que l'on trouve toujours disposée à combattre le désordre même lorsque, par d'imprudentes mesures, elle lui fournit peut-être des aliments, supposez une Chambre issue des entrailles de la démagogie, intolérante, persécutrice, désordonnée, acharnée à détruire et soûle d'utopie : jugerait-on encore révolutionnaire et dangereux ce droit de dissolution dont sont armés en Europe tous les souverains constitutionnels ?

Nous aimons à invoquer l'autorité des maîtres, parce que leur jugement a plus de poids sur les esprits rebelles à la persuasion que les arguments les plus subtils. Veut-on savoir ce que pensait sur l'objet qui nous occupe l'un des plus illustres publicistes des dernières années de

l'empire, ce libéral obstiné dont le nom est si sympathique aux lettres et à la politique, et qui mourut, sur une terre lointaine, victime d'une généreuse déception?
« Le plus grand péril que puisse courir la » liberté et par contre-coup l'ordre, écri- » vait feu Prévost-Paradol,... c'est l'exis- » tence d'un désaccord entre les pouvoirs » publics et l'opinion générale. Quand » l'autorité légale est d'un côté et l'opi- » nion de l'autre, la révolution est aux » portes et l'on peut ajouter, dans le temps » où nous vivons, l'ordre social est en » péril.... Si nous supposons l'existence » d'un ministère attaché au pouvoir en » dépit de l'opinion et d'une majorité » attachée à son siége en dépit des élec- » teurs (soit que ce ministère et cette ma- » jorité se fassent illusion, comme il est » possible, sur l'état vrai des esprits, car » l'homme croit ordinairement ce qu'il » désire, soit même que, éclairés sur la » situation, ils espèrent la changer en » tenant d'abord tête à l'orage) la situation » devient évidemment sans issue, à moins » que quelqu'un, qui ne soit ni la majo- » rité ni le ministère, ait le droit de » dissoudre le Parlement et d'appeler la » nation à des élections nouvelles. »

L'auteur de la *France nouvelle* revient avec complaisance sur cet axiome, comme s'il prévoyait qu'il devait rencontrer un jour des contradicteurs : « L'écueil principal du gouvernement parlementaire, » dit-il quelques pages plus loin, c'est la » tyrannie d'une majorité législative qui » aurait cessé, pendant le cours d'une lé- » gislature d'être en communion d'opinion » avec la majorité des citoyens. Par ce mot » de *tyrannie*, nous n'entendons pas ici des » actes de violence ou d'oppression, mais » simplement l'existence d'un ministère » et d'une assemblée qui conserveraient » légalement le pouvoir après avoir perdu » la confiance ou l'approbation générale. » Ce mal n'a qu'un remède : c'est l'usage » du *droit de dissolution*, par lequel les » citoyens sont convoqués dans leurs » comices, en dehors des époques pres- » crites, pour procéder à des élections » nouvelles. »

S'il fallait ajouter quelque autre argument à cette démonstration, on pourrait invoquer, comme nous l'avons fait plus haut à l'occasion de la responsabilité ministérielle, ces intérêts sacrés de la justice qui sont d'un poids si grand aux yeux des véritables conservateurs. Ceux qui jugent conforme à l'équité que le ministère porte la peine de ses propres fautes doivent trouver absolument injuste que la nation ait à souffrir des négligences, du mauvais vouloir ou de l'incapacité de ses représentants, sans pouvoir leur retirer leur mandat. L'on est tout disposé à admirer la noble fierté de ces élus du peuple qui entendent relever uniquement de Dieu et de leur conscience, mais on trouve que ce sentiment de souveraine indépendance se manifeste dans une occasion facheuse et mal à propos. Quand on ne voit au-dessus de soi que la divinité, il serait bienséant et courtois d'en avertir les électeurs à la veille du scrutin. Un député imbu de principes aussi hardis devrait même dédaigner de subir l'épreuve électorale. S'il ne relève que de lui-même et du maître de l'univers il a évidemment des droits supérieurs au commun, en vertu desquels il peut siéger au Parlement sans consulter la volonté du pays ; et par là on est amené à penser que quelque esprit inventif a dû découvrir une sorte de droit divin à l'usage des députés, dont les foules n'avaient pas encore soupçonné l'existence ; à moins toutefois qu'il ne soit de la famille de ces droits seigneuriaux dont le souvenir s'est perpétué jusqu'à nos jours, bien que le Code n'en fasse plus mention.

Mais nous sortirions de notre sujet, si nous allions plus avant dans cette voie, puisque notre tâche consiste à montrer l'utilité pratique du droit de dissolution, qui est exercé avec tant de succès dans les monarchies constitutionnelles d'Angleterre et de Belgique. Ce serait une erreur de penser qu'on peut, sans inconvénients, faire de ce droit un usage fréquent et comme un mode habituel de gouverner. Pour détourner les esprits des affaires et réveiller les préoccupations politiques, il faut avoir de graves motifs. C'est au chef de l'Etat qu'il appartient de juger si le désaccord entre le pays et ses représentants n'a pas un caractère de gravité tel qu'il offre un danger immédiat ou prochain pour la paix publique. Mieux vaudrait encore mettre les esprits en fièvre pendant un court espace de temps que de les entretenir dans une irritation continuelle, car l'excitation factice provoquée par la lutte électorale se calme, à la longue, mais les mécontentements alimentés et journellement excités par une politique impopulaire ne s'apaisent qu'au lendemain des révolutions.

VI

Si les hommes qui nous gouvernent croyaient avoir assez fait pour l'ordre en établissant une deuxième Chambre à la dévotion du chef de l'Etat et où la politique de la résistance compterait vraisemblablement plus de partisans que la politique des gouvernements parlementaires, nous ne pourrions nous défendre de nourrir sur l'avenir de la France les plus noires appréhensions. Comment cette haute Assemblée serait-elle de quelque secours, en effet, pour combler le fossé que les passions politiques ont creusé entre l'Etat et le pays, si la nation ne prenait aucune part à la nomination de ses membres? Et comment les intérêts conservateurs seraient-ils à l'abri des fluctuations de l'opinion, si, uniquement occupée de fortifier la résistance, la haute Assemblée provoquait de nouveaux mécontentements et poussait à son paroxysme l'irritation des esprits?

La nécessité d'une deuxième Chambre ne se démontre pas, elle s'impose; mais, pour qu'on en puisse tirer quelque profit, il est indispensable qu'elle ne devienne pas un élément de compression. Le rôle du sénat est tout de conciliation et d'apaisement. Les hommes qu'il faut faire entrer dans ce grand corps n'appartiennent ni aux emportés ni aux réactionnaires aveugles, et ce n'est pas à l'Etat qu'incombe la tâche de les choisir, parce qn'ils n'offriraient pas à la nation les garanties d'indépendance et de capacité nécessaires pour forcer sa confiance. Dans un état démocratique comme le nôtre, c'est une faute grave que de constituer des pouvoirs publics sans prendre conseil de l'opinion.

On n'arrive ainsi qu'à créer de nouveaux éléments de pression légale, qui rendent la lutte plus longue et plus acharnée, lorsqu'il faudrait borner ses efforts à lui ôter tout prétexte. Certes, le souci des intérêts conservateurs est aussi honorable que légitime; mais on se demande si des sénateurs nommés par les corps issus directement des suffrages populaires, tels que les conseils municipaux, les conseils d'arrondissement, les conseils généraux, les tribunaux et les Chambres de commerce, et les autres corps élus, dans lesquels domine l'esprit libéral et conservateur, n'offriraient pas plus de garanties à l'ordre et n'inspireraient pas une plus grande confiance au pays, que des sénateurs désignés par le hasard de la fortune ou le choix du souverain. Ici encore nos ministres ont cru servir la cause de l'ordre en donnant une nouvelle force à la réaction.

Loi municipale, loi électorale, décrets d'état de siège, tous les actes publics du gouvernement actuel portent la marque de la même préoccupation et de la même erreur. Jamais on ne méconnut dans un but si désintéressé et avec une si profonde ignorance des dangers auxquels on expose le pays, les règles les plus élémentaires de la politique. Faire de l'ordre au moyen de la compression ! Mettre le gouvernement en lutte avec le pays dans l'espoir de le pacifier ! Augmenter les priviléges de l'Etat et diminuer les libertés de la nation afin de réduire celle-ci à faire amende honorable auprès de ses maîtres d'un jour !... Mais quel est donc l'acharnement des passions, que la raison de nos gouvernants soit ainsi jetée hors de son assiette ? Et qui donc est assez étranger aux choses de la politique pour ignorer la fausseté et le danger de ces paradoxes, à l'usage de tous les gouvernements absolus ? Si nos parlementaires ont la naïveté de penser que les grandes doctrines de l'école libérale sont devenues fausses du jour où ils les ont reniées, il s'apercevront tôt ou tard de leur lamentable méprise. La vérité n'est pas sujette aux variations incessantes des événements et des passions, et elle se venge toujours de ceux qui la méconnaissent ou l'oublient. Malheureusement, quand l'heure de l'expiation arrive, le mal est fait, et le temps qu'il faut consacrer à le réparer, perdu pour le bien.

La curiosité des esprits est vivement excitée par l'incertitude où on la tient sur l'épithète dont le septennat sera orné. Tant de frivolité nous fait sourire. Ah ! la belle chose qu'un septennat républicain, si nos gouvernants, rompant avec toutes les traditions libérales, semblaient prendre à tâche de tailler une nouvelle besogne à la révolution! Se rappelle-t-on ces pages lugubres où l'auteur de la *France nouvelle* décrit à l'avance nos défaites et notre abaissement? C'est l'axe du monde qui se déplace. Une race jeune et féconde, dont le drapeau flotte sur toutes les mers jette sur les continents nouveaux sa vigoureuse sève. Des empires se forment, grandissent, se séparent de la mère-patrie et fondent à leur tour des colonies florissantes qui se disputent la domination des royaumes décrépits de l'Orient. La France se trouve, en moins de deux siècles, reléguée dans un coin de l'Europe, dont la domination lui échappe. Elle reste là, isolée, sans force, se repaissant du souvenir de sa vieille gloire, et bornant son ambition, qui fit si souvent trembler l'Europe, à demeurer la terre classique des arts, des lettres, du goût, du raffinement, des plaisirs, et à nourrir le peuple le plus spirituel, le plus aimable et le plus poli de l'univers. Ces noires prédictions remplissent l'âme d'une indicible tristesse et le cœur les repousse comme d'épouvantables calomnies. Mais que ce tableau serait plus sombre encore si nous donnions aux ennemis de notre généreux pays la satisfaction de le voir marcher à reculons sur cette route du progrès qu'il a lui-même frayée et marquée de son sang, se mettre à la traverse de l'esprit moderne, renier les idées libérales et épuiser les forces qui lui restent à osciller entre le despotisme et l'anarchie !

C'est là pourtant le dernier malheur qui nous attend, si le soldat valeureux auquel a été confiée la première magistrature de l'Etat ne se hâte de rétablir entre les gouvernants et les gouvernés l'harmonie qu'une politique contraire aux aspirations nationales a détruite, et n'assure au pays la suprême direction de ses destinées. Des divers partis qui se disputent la domination, en attendant une occasion propice pour escalader le trône, aucun ne comprend la grandeur du rôle que les circonstances imposent au gouvernement. Celui-ci ramènerait la France aux errements qui ont perdu la restauration. Celui-là ouvrirait une nouvelle ère de proscriptions et de répressions sanglantes qui mettraient le comble à notre faiblesse. Un autre reprend, les unes après les autres, toutes les fautes qui ont amené la chute de la monarchie de juillet. Après le démembrement du territoire, nous tremblons d'assister à une sorte de démembrement des libertés publiques et privées. Un nombre considérable de citoyens éloignés des urnes, après trente ans de suffrage universel ; toutes les municipalités de France soumises à de nouvelles lois et dépouillées de leurs priviléges les plus précieux ; la moitié de nos départements condamnés aux rigueurs d'un régime d'exception ; la presse abandonnée au caprice des généraux et des préfets ; toutes les entreprises de la réaction favorisées, encouragées par la protection ouverte des représentants du pouvoir central : voilà les résultats les plus clairs d'une politique qui a la généreuse ambition de servir les intérêts sacrés de l'ordre !

Le mal est si grand, hélas ! que les auteurs de ces fautes sont animés de généreux desseins et se laissent prendre les premiers à leurs folles illusions. La frayeur du désordre les a faits tomber dans tous les excès de la tyrannie. La hardiesse des négateurs les a fait applaudir au fétichisme des faux dévots. La licence leur a rendu la liberté odieuse. Les noms ont perdu, à leurs yeux, leur signification, et les choses ont changé de nom. Les axiomes sont devenus criminels. On est mal vu à parler de l'instruction obligatoire, qui a été décrétée au Japon et au Brésil. Des journaux officieux appliquent gravement à la liberté de penser la définition de la tolérance. Quiconque ne suit pas aveuglément toutes les pratiques d'une dévotion méticuleuse et abêtissante est traité d'hérétique ou de libertin. Le philosophe fait peur, comme au moyen-âge le sorcier. Le savant recule devant ses propres découvertes. Un grand évêque est obligé de signaler aux vrais fidèles la recrudescence de la superstition. L'histoire elle-même est défigurée ou méconnue. Parmi cette foule d'hommes d'Etat qui s'honorent de professer le « parlementarisme » le plus pur, pas un ne se doute que l'objet de ce système est d'établir en fait « le gouvernement du pays par le pays » ; que la bonne entente entre les gouvernants et les gouvernés est la première condition de l'ordre et le seul moyen de prévenir la révolution ; que le droit de dissolution est l'un des rouages principaux de la machine parlementaire, un droit essentiellement *conservateur*, *constitutionnel* et *libéral*. Nous avons reculé de deux siècles, et l'on ne voit pas à quel âge nous nous arrêterons. Nous nous effaçons nous-mêmes, chaque jour, de cette Europe que nos écrivains ont arrachée au joug des vieilles superstitions et des vieux abus. Le pays du bon sens devient le refuge et le boulevard de toutes les réactions. L'esprit de la France s'éteint.... Qui lui rendra sa jeunesse, sa verve, sa droite raison, sa liberté ? Où est l'homme qui l'arrachera à l'étreinte mortelle des ambitieux, des révolutionnaires et des enfouisseurs, pour la remettre en possession d'elle-même ? Quel rôle plus sublime, ô maréchal, ô M. de Broglie, ô libéraux du centre droit, ô parlementaires dévoyés, quel rôle plus sublime fut jamais offert à l'ambition des hommes de cœur ?

FIN.

Castres, imp. I. FABRE, Place Pélisson, 12.

www.ingramcontent.com/pod-product-compliance
Ingram Content Group UK Ltd.
Pitfield, Milton Keynes, MK11 3LW, UK
UKHW012302240726
13966UKWH00004B/1569